2024 年度安徽省教育科学研究项目中的重点项目

中小学信息科技实验活动设计与教学实践研究（项目编号：JKT24004）研究成果

信息科技 实验活动手册

✦ 五年级 ✦

总 主 编　方其桂

本册主编　叶东燕

电子工业出版社

Publishing House of Electronics Industry

北京·BEIJING

内容简介

欢迎翻开这本充满趣味与智慧的《信息科技实验活动手册（五年级）》！本书根据《中小学实验教学基本目录》编写，共设计常规实验 9 个、跨学科实验 2 个，引领学生打开算法世界的大门。

本书围绕"身边的算法"这一主题，从算法的描述、算法的执行到算法的效率，逐步深入，引导学生了解利用算法求解简单问题的基本方式。从绘制翘角凉亭到制作鲜榨橙汁，每个实验都贴近小学生的学习和生活，让学生感受算法在日常生活中的实际应用；通过规划寻宝路线、计算 BMI 等活动，培养学生初步运用算法思维的习惯；通过对韩信点兵经典算法、游戏博弈的策略分析和汉诺塔原理的探索，激发学生的学习兴趣，培养设计与分析简单算法的能力。

通过学习本书，学生可以提升分析问题和解决问题的能力，促进核心素养的全面提升，为在未来的学习和生活中更好地应用信息科技奠定坚实的基础。

图书在版编目（CIP）数据

信息科技实验活动手册 . 五年级 / 方其桂总主编 ；
叶东燕主编 . -- 北京 ：电子工业出版社，2024. 12.
ISBN 978-7-121-49312-6

Ⅰ . G624.583

中国国家版本馆 CIP 数据核字第 2024LF6945 号

责任编辑：刘　芳
印　　刷：北京缤索印刷有限公司
装　　订：北京缤索印刷有限公司
出版发行：电子工业出版社
　　　　　北京市海淀区万寿路 173 信箱　　邮编：100036
开　　本：787×1092　1/16　印张：4.75　　字数：76 千字
版　　次：2024 年 12 月第 1 版
印　　次：2024 年 12 月第 1 次印刷
定　　价：39.90 元

凡所购买电子工业出版社图书有缺损问题，请向购买书店调换。若书店售缺，请与本社发行部联系，联系及邮购电话：（010）88254888，88258888。

质量投诉请发邮件至 zlts@phei.com.cn，盗版侵权举报请发邮件至 dbqq@phei.com.cn。

本书咨询联系方式：（010）88254507，liufang@phei.com.cn。

编　委　会

总　主　编：方其桂

本册主编：叶东燕

编写人员：叶东燕　张小龙　何　源　戴　静　方其桂

统　　稿：方其桂　张小龙

前　言

一、信息科技实验的意义

信息科技是一门"科"与"技"并重的课程，要以培养学生学科核心素养为导向，倡导"做中学""用中学""创中学"，培养学生的创新思维和实践能力。因此，在信息科技活动设计与实施中，实验教学是落实课程目标的重要途径与抓手。通过实验教学，可以帮助学生在实践中运用知识、验证原理、掌握技能，促进学生对学科知识的运用、对核心概念和科学原理的理解，提高学生运用信息科技知识和技能解决问题的能力，培养学生善于思考、勤于动手、敢于创新、乐于合作的素养与品质。

2023 年，教育部发布《中小学实验教学基本目录》，它以现行课程标准为依据，以各学科教学装备配置标准和教材为参考，梳理了新课程理念下构建学科核心概念、核心规律、核心实验素养与技能应开展的基础性实验及实践活动，包括 16 个学科的 900 多项实验与实践活动，涵盖观察、测量、探究、模拟、设计、编程、制作、种植、养殖、参观、调查、测绘、试验等丰富多样的活动形式。它为中小学的实验教学提供了指导和参考，有助于推进实验教学的改革和发展，提高学生的实践能力，培养学生的创新精神。其中信息科技实验（小学 63 个、初中 31 个、高中 81 个，合计 175 个）在 16 个学科的实验中占比约 20%。

这套《信息科技实验活动手册》根据《中小学实验教学基本目录》编写，作为学生的实践活动用书，为学生提供自主学习和实践的平台，有助于提升学生分析问题和解决问题的能力，以更好地落实学生信息科技学科核心素养的培养目标。

二、丛书结构

《信息科技实验活动手册》共 7 册，涵盖《中小学实验教学基本目录》中小学、初中、高中各个学段的所有实验。学生在完成书中的一个个实验活动的过程中，逐步掌握信息科技的相关知识，提升解决问题的科学探究能力，养成良好的科学素养。为便于学习，实验活动设计了如下栏目。

- 实验目标：通过实验想要达到的学科核心素养目标，用于指导实验的设计与实施。
- 实验原理：完成实验活动所需的知识，既是指导实践的原理，又是实验操作的重要依据。
- 实验准备：完成实验活动所需的器材、工具及对实验实施过程的详细规划。
- 实验过程：实验的核心部分，涉及实验中的操作方法和注意事项等。
- 实验结果：实验的输出环节，对实验过程中记录的数据和现象进行分析和讨论，并加以归纳和总结，得出结论。
- 实验拓展：对实验结果进一步探讨，总结实验中可能存在的问题，梳理改进方向。

三、丛书特色

《信息科技实验活动手册》旨在为学生提供全面、实用的学习工具，帮助学生更好地理解和掌握实验内容。为充分调动学生对信息科技实验的兴趣，丛书在编写时注重体现如下特色。

- 教学兼备：实验活动设计严格按照学段划分，充分考虑学生的年龄特点与认知水平，难度呈螺旋上升。既是一线教师落实常规课程的辅助材料，也是学生自主学习、探究的抓手。
- 类型丰富：涵盖设计性实验、验证性实验及探究性实验等不同实验类型，每种实验类型都有着不同的特点，可以满足学生在信息科技学科中的不同学习需求。
- 项目学习：采用项目学习的方式开展实验教学，实验活动案例丰富，且均设置了一定的情境，为学生提供沉浸式学习体验，案例内容编排合理、难度适中。

- 图文并茂：使用图片代替大段文字说明，使学生一目了然，帮助学生轻松读懂书中描述的内容。特别是在介绍具体实验步骤的过程中，语言简洁，基本上每个步骤都配有对应的插图，用图文来分解复杂的步骤，便于学生边学边练。
- 资源丰富：为确保实验活动的顺利进行，丛书配备了丰富的资源，不管是在数量上还是在质量上都有保障，满足学生的自学需求。

《信息科技实验活动手册》附赠书中实验活动案例的素材清单，读者可扫描二维码获取。

四、丛书作者

参与丛书编写的作者有省级教研人员、一线信息科技教师，其中有 7 位正高级教师、4 位特级教师，其他作者大多曾获得过全国、全省优质课评选奖项，他们不仅长期从事信息科技教学方面的研究，而且有丰富的一线教学实践经验。

虽然我们有着二十多年编写信息技术教材（学段覆盖小学、初中、高中和大学）的经验，并尽力认真构思、验证和反复审核、修改，但丛书仍难免存在瑕疵。我们深知一本图书的好坏，需要广大读者去检验、评说，在这里，我们衷心希望您对本丛书提出宝贵的意见和建议。若您在学习和使用本书的过程中，发现某些实验存在更好的实施方法，或对书中某些实验的科学性和实用性存在疑问，敬请批评指正。

方其桂

扫码获取本册资源

目　录

第 1 单元　算法的描述

第 2 单元　算法的执行

第 3 单元 算法的效率

跨学科主题 小型系统模拟

第 1 单元

算法的描述

实验 1
翘角凉亭巧绘制
——用自然语言描述算法

学校举办"我为古诗配画"电脑绘画活动，李皖的作品《钱塘湖春行》得到了同学们的一致夸赞。画中，最引人注目的是那座翘角凉亭，同学们很好奇，李皖是如何绘制这个凉亭的？于是，李皖决定将绘制凉亭的步骤分享给大家。

你知道凉亭的翘角是怎么绘制的吗？

实验目标

1. 用自然语言描述绘制翘角凉亭的步骤。
2. 根据自然语言描述的步骤，用画图软件绘制出翘角凉亭。

实验原理

1. 算法的描述方法

算法的描述是指把求解问题的方法与思路用一种规范的、可读性强的方式描述出来。常用的描述方法有自然语言描述、流程图描述、伪代码描述等，本书重点介绍前两种描述方法。

2. 用自然语言描述算法

自然语言是指人们日常使用的语言。用自然语言描述算法就是采用人们的日常表达方式来描述解决问题的方法和步骤。

例如，可以用自然语言描述使用洗衣机洗衣服的步骤。

> 步骤 1：将脏衣服放入洗衣机内。
>
> 步骤 2：加入适量洗衣液，如有自动投放功能则不用每次添加。
>
> 步骤 3：根据衣物类型选择洗涤模式。
>
> 步骤 4：关闭洗衣机门 / 盖，开始洗涤。
>
> 步骤 5：洗涤结束，将衣物取出并晾晒。

实验准备

1. 实验规划

要正确描述凉亭的绘制步骤，首先要分析凉亭由哪些基本图形组成，再选择合理的绘制顺序。

· **分析凉亭结构**　观察凉亭的组成结构，分析组成凉亭的基本图形，在图中补充完整。

凉亭翘角是由＿＿个图形组合形成的。

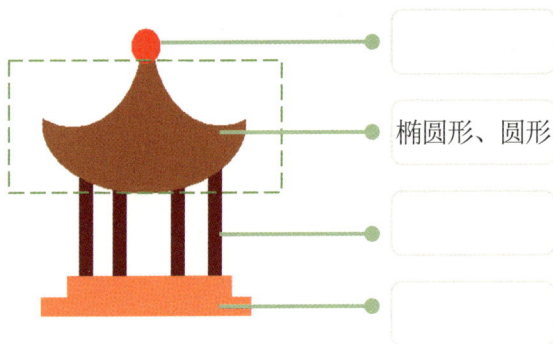

椭圆形、圆形

• **猜想绘制顺序** 绘制凉亭时要按照一定的顺序，想一想按照下面哪种顺序更容易绘制，在最佳绘制方案后打"√"，并说说理由。

绘制顺序	绘制步骤	最佳方案
自上而下	（顶—柱子—台阶）	
自下而上	（台阶—柱子—顶）	
先中间后上下	（柱子—顶—台阶）	

提示：选择合理的顺序，可以化繁为简，提高效率。

2. 实验技能

• 会使用画图软件中的"矩形""椭圆""填充""颜色填充"等工具。
• 会使用"复制""粘贴"等工具。

实验过程

1. 描述凉亭的绘制步骤

根据实验规划，将用画图软件绘制翘角凉亭的步骤描述清楚。

翘角凉亭巧绘制

第 1 步：用"矩形"工具绘制凉亭的四根柱子。

第 2 步：_____

_____

第 3 步：_____

_____

第 4 步：_____

_____

第 5 步：_____

_____

2. 按步骤绘制作品

打开绘图软件，参照上面的翘角凉亭绘制步骤绘制作品。

第 3 步
有技巧！

实验结果

结论

用自然语言描述算法，就像给别人讲述怎么去做一件事情，让别人理解并跟着讲述的步骤去做。用自然语言描述算法时有哪些要求？

完整的结构□　　明确的步骤□　　准确的语言□

实验拓展

1. 思考一下，用自然语言描述算法的步骤有哪些。

选一选

明确问题　➡　_____　➡　确定算法

验证描述　⬅　_____

①用自然语言描述算法　　②分解问题

2. 请用自然语言描述西红柿炒鸡蛋的烹饪步骤。

食材准备：

烹饪步骤：

实验 2
鲜榨橙汁轻松做
——用流程图描述算法

　　李皖周末要邀请好朋友到家里来做客，她想制作鲜榨橙汁招待朋友。李皖请教妈妈制作鲜榨橙汁的方法，妈妈详细地分享了制作方法，并建议李皖用流程图记录下来，这样以后随时参照制作就很轻松了。

按流程图轻松制作鲜榨果蔬汁

实验目标

　　1.用流程图描述鲜榨橙汁的制作过程。

　　2.认识用流程图描述算法的优势，学会选择正确的指令框，以及按算法步骤的先后顺序绘制流程图。

实验原理

1. 流程图

流程图是一种图表,用于描述一系列具体的过程。它能帮助我们梳理思路、理解和分析工作过程。流程图由各种形状的指令框和流程线组成,常见的流程图符号有矩形、菱形、平行四边形和箭头等,用来表示不同类型的操作、决策和流程方向。

2. 用流程图描述算法

用流程图描述算法,可以清晰地呈现算法中的每个步骤,以及步骤之间的顺序和关系。例如,早晨从起床到出门去上学需要做的事情,可以用下面的流程图来描述,请将流程图补充完整。

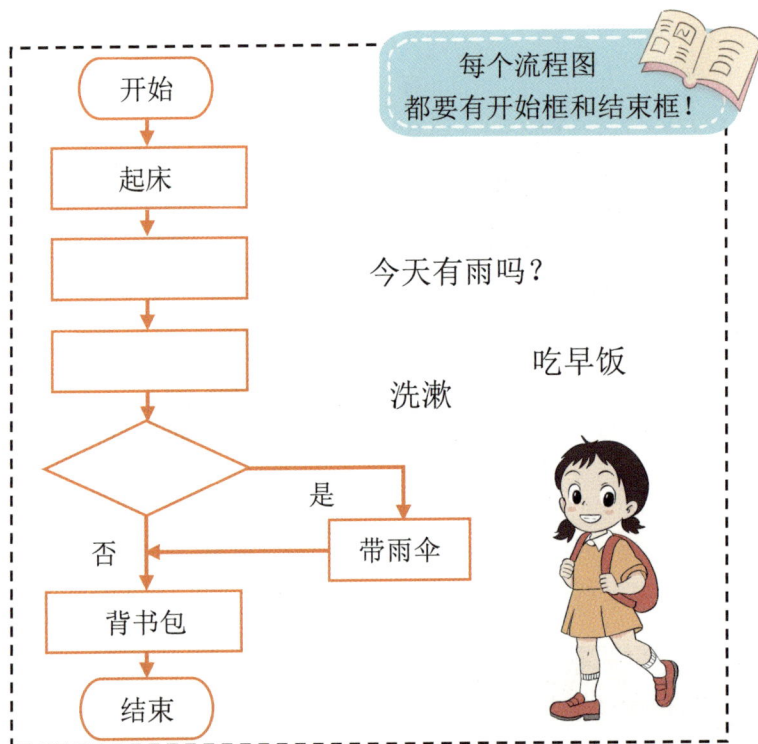

每个流程图都要有开始框和结束框!

今天有雨吗?

吃早饭

洗漱

实验准备

1. 流程图指令框及其含义

查找流程图相关资料，了解常用流程图指令框及其含义，补充下表。

开始或结束	表示流程图的起点和＿＿＿＿＿＿＿
处理	表示处理步骤
判断	根据条件进行判断，选择其中一个分支
输入或输出	表示数据的输入或输出

2. 实验器材

手工绘制：纸张、笔、尺。

数字绘制：流程图绘制软件或在线绘制平台。

实验过程

1. 了解制作鲜榨橙汁的步骤

观察妈妈制作鲜榨橙汁的过程，理解每一步的操作和目的。若有需要根据情况有选择地进行操作的步骤，则在步骤前的方框中标记"？"。

鲜榨橙汁制作过程

- [ ] 1. **清洗**　将橙子放在水龙头下冲洗，去除表面的污垢。
- [ ] 2. **去皮切块**　将橙子去皮，切成合适的大小。
- [ ] 3. **去籽**　看橙子有没有籽，有的话剔除籽。
- [ ] 4. **榨汁**　将处理好的橙子放入榨汁机，按照榨汁机的说明启动榨汁操作。
- [ ] 5. **过滤**　若希望橙汁口感细腻，可用滤网过滤掉残渣。
- [ ] 6. **装杯**　将榨好的鲜榨橙汁装杯。

2. 根据步骤选择合适的指令框

根据流程图指令框及其含义，为制作鲜榨橙汁的每个步骤选择合适的指令框进行描述。

- **直接执行的步骤**　将可以直接执行的步骤填入"处理"指令框中，例如第 1 步可以按下图进行描述。

> 1. **清洗**　将橙子放在水龙头下冲洗，去除表面的污垢。　⇒　清洗

- **需要判断的步骤**　需要视情况而定的步骤，将判断条件写入菱形框中，再根据实际情况选择执行步骤。想想第 3 步可以怎样描述，请补充下图。

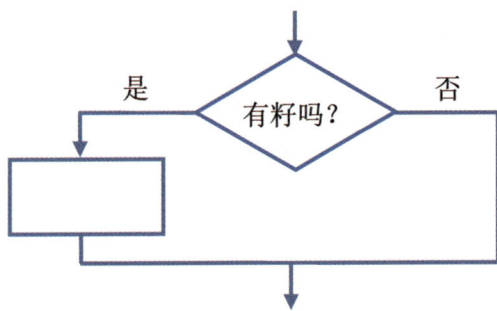

是 ← ◇ 有籽吗？ → 否

3. 绘制制作鲜榨橙汁的流程图

用流程线按顺序连接指令框，绘制制作鲜榨橙汁的完整流程图。

制作鲜榨橙汁的流程图

开始

4. 按流程图制作鲜榨橙汁

根据绘制的流程图进行实际操作，制作鲜榨橙汁，验证流程图的准确性。使用工具时注意安全。

实验结果

在实验中使用流程图描述了鲜榨橙汁的制作过程，请完善下面的实验结论。

实验小总结

用＿＿＿＿＿＿＿＿表示算法，更加简洁直观、容易理解。

①自然语言　　　　②流程图

把要做的事情写在流程框里，就生成了指令框。用线条

和箭头把指令框连接起来，就组成了＿＿＿＿＿＿＿＿。

①算法　　　　②流程图

实验拓展

1.尝试使用流程图描述其他鲜榨果汁的制作过程，如西瓜汁、草莓汁。

2.将流程图应用于日常学习中，提高效率和准确性。例如，使用流程图科学规划自己一天的生活。

我的一天活动计划

科学规划一天的生活，要注意平衡学习、生活和娱乐，全面发展！

第 2 单元

算法的执行

实验 **3**
探究红绿灯的算法
——探索算法的三种基本结构

李皖是学校的一名小小交通宣传员,她负责向同学们宣传交通安全知识。在准备宣传资料时,李皖发现红绿灯的亮灯规律是一种重要的交通安全知识。为了更直观地向同学们宣传讲解,她决定先进行一次实验,探究红绿灯的亮灯规律,再用流程图直观地展示红绿灯的算法。

实验目标

1. 结合生活中的实例,了解算法的顺序、分支和循环三种基本控制结构。
2. 理解红绿灯的亮灯规则,会使用流程图描述红绿灯的算法。

实验原理

用算法解决问题时，常常遇到按顺序逐步执行的情况，也会遇到需要进行选择或重复执行某些步骤的情况，这些情况可以分别用算法中的顺序、分支和循环三种基本控制结构来处理。

顺序结构：按照指定的顺序逐步执行各个步骤。顺序结构简单却重要，任何算法都离不开它。

分支结构：根据条件判断的结果来选择后续执行步骤。

循环结构：如果满足某个条件，则重复执行某个步骤。

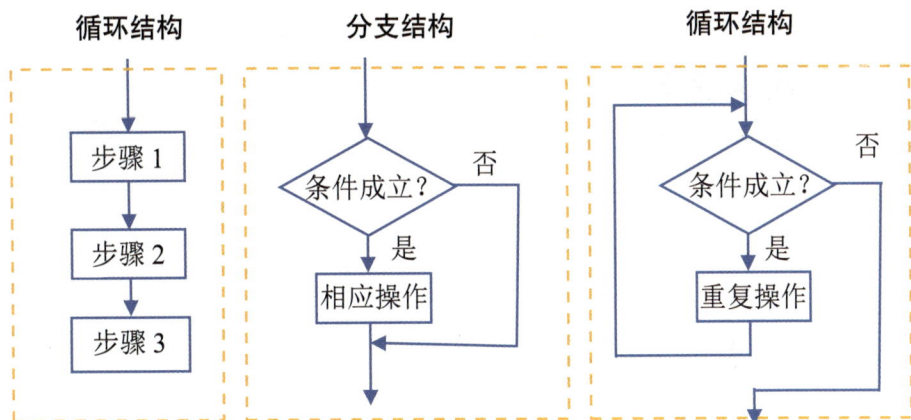

实验准备

1. 实验设计

第 1 步　了解常见红绿灯亮灯规则

第 2 步　用流程图描述红绿灯亮灯规则

第 3 步　执行模拟程序，验证算法

2. 实验器材

流程图绘制软件、图形化编程软件。

实验过程

1. 了解常见红绿灯亮灯规则

红绿灯亮灯通常遵循一定的顺序和循环模式，以确保交通流畅和安全。以下是常见的红绿灯亮灯规则。

· **顺序亮灯** 观察红绿灯的亮灯过程，记录红绿灯的亮灯顺序和亮灯时长。

观察记录

我观察的红绿灯亮灯顺序和亮灯时长是：

| 红灯亮 （ ）秒 | → | （ ）灯亮 （ ）秒 | → | （ ）灯亮 （ ）秒 |

⚠️ 户外观察要选择安全地点，注意安全！

· **分时亮灯** 观察有分时功能的红绿灯，记录高峰时段的红绿灯亮灯变化。

如果在高峰时段：（ ）时—（ ）时
那么红绿灯亮灯时长分别是：

| 红灯亮 （ ）秒 | → | 黄灯亮 （ ）秒 | → | 绿灯亮 （ ）秒 |

在交通高峰时段，红绿灯亮灯时长会动态调整，以保证交通顺畅。

· **循环亮灯** 在一定时间内，红绿灯按一定顺序重复亮起。

绿灯亮 60 秒

黄灯亮 3 秒

红灯亮 30 秒

绿灯亮 60 秒

黄灯亮 3 秒

红灯亮 30 秒

……

观察左边红绿灯亮灯顺序，写出重复执行的步骤：

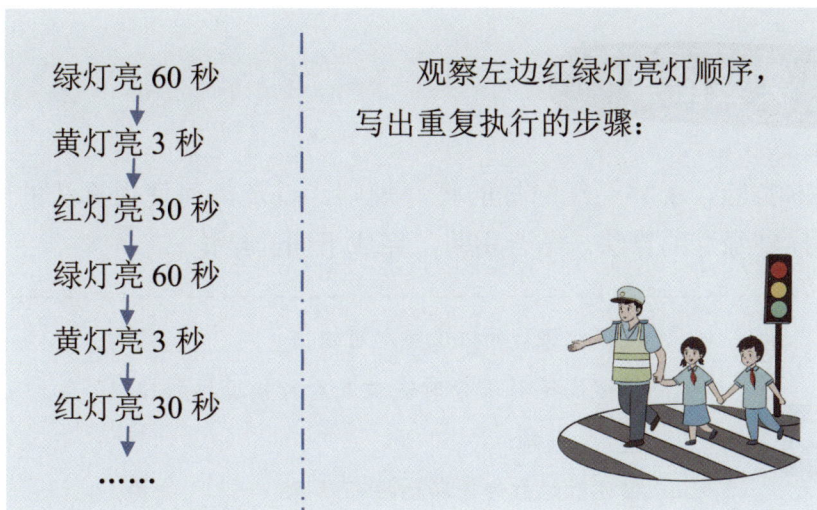

2. 用流程图描述红绿灯亮灯规则

选择合适的流程图符号，分别用算法的三种基本结构描述红绿灯的三种亮灯规则，尝试完善下面的流程图。

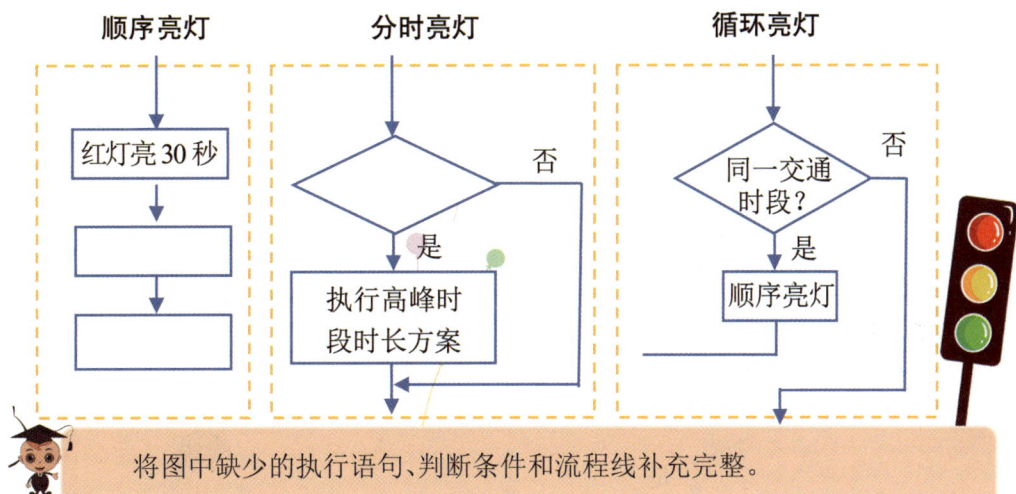

顺序亮灯

红灯亮 30 秒

分时亮灯

否

是

执行高峰时段时长方案

循环亮灯

同一交通时段？

否

是

顺序亮灯

将图中缺少的执行语句、判断条件和流程线补充完整。

3. 执行模拟程序，验证算法

执行红绿灯亮灯规则模拟程序，观察执行效果，验证算法的三种基本结构是否得到正确实现。

实验结果

通过本实验，了解了红绿灯的亮灯规则，以及如何使用算法的三种基本结构来描述红绿灯的算法。结合实验，完成下面的结论。

> **结论**
>
> 描述红绿灯的依次亮起可以用_____结构；
>
> 描述高峰时段分时亮灯或人行横道按钮控制亮灯，可以用_____结构；
>
> 描述红绿灯的循环切换可以用_____结构。

实验拓展

1. 生活中还有哪些关于顺序、分支和循环的现象，请你想一想，并和同学说一说，试试完善下面的流程图。

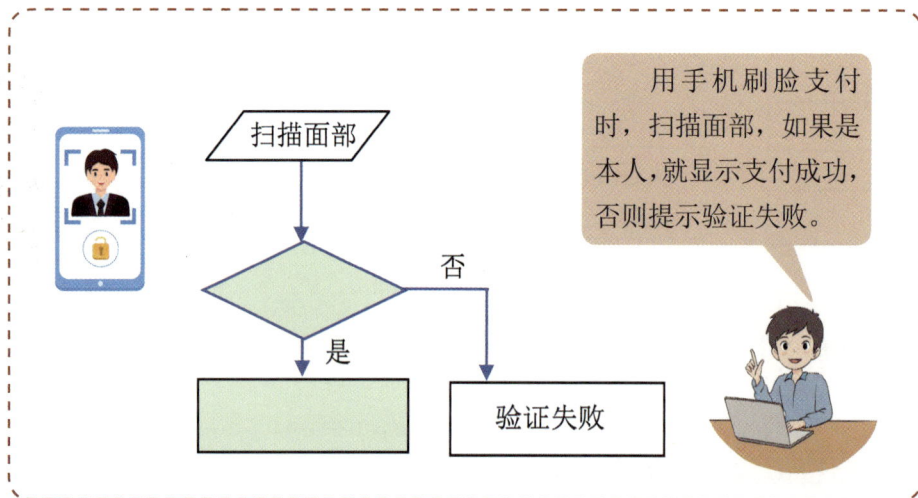

扫描面部

否

是

验证失败

用手机刷脸支付时，扫描面部，如果是本人，就显示支付成功，否则提示验证失败。

2. 下面是种植黄瓜的流程图，请尝试完善流程图，请教家长关于种植黄瓜的经验，想想流程图中哪个环节需要重复执行。

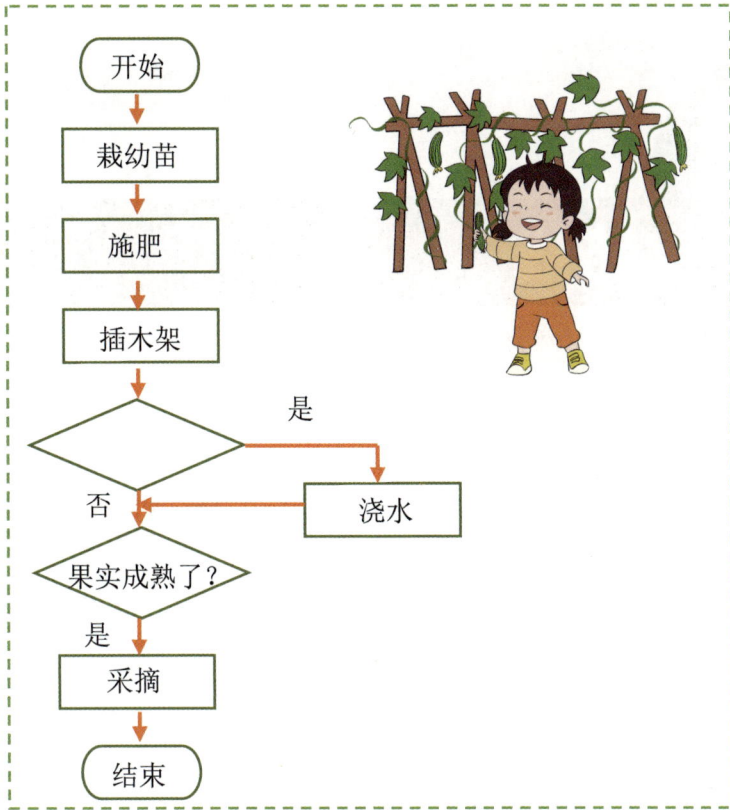

实验 **4**

规划寻宝路线

——设计简单的顺序结构算法

藏宝图上均匀地排列着方格，宝藏就在其中一个方格中！李徽如何才能找到藏宝图上的宝藏呢？请你用箭头做标识，设计行走路线，帮助李徽一起探寻宝藏吧，请注意不能越过障碍物！

我的寻宝之旅！

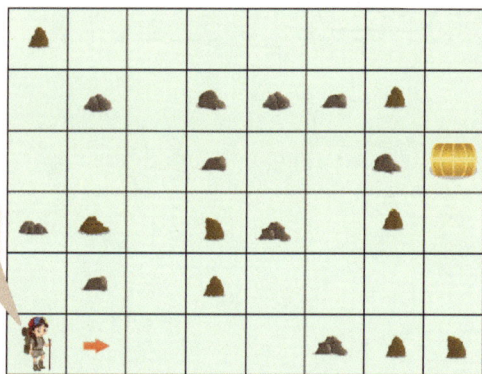

实验目标

1. 根据藏宝图设计寻宝路线，找到宝藏。

2. 结合生活中的实例及应用场景，能设计、描述简单的顺序结构算法并分析执行过程与结果。

实验原理

1. 顺序结构

顺序结构是最简单的算法结构，由若干个依次执行的步骤组成，按预先设定的顺序执行。它是任何算法都离不开的基本算法结构。顺序结构算法流程图如下图所示。

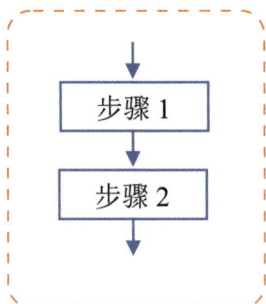

2. 角色控制

打开素材文件，要让"李徽"角色实现前进、左转、右转，可以按下图所示操作添加程序，实现对角色的控制。尝试添加程序，实现"李徽"角色的前进、左转、右转。

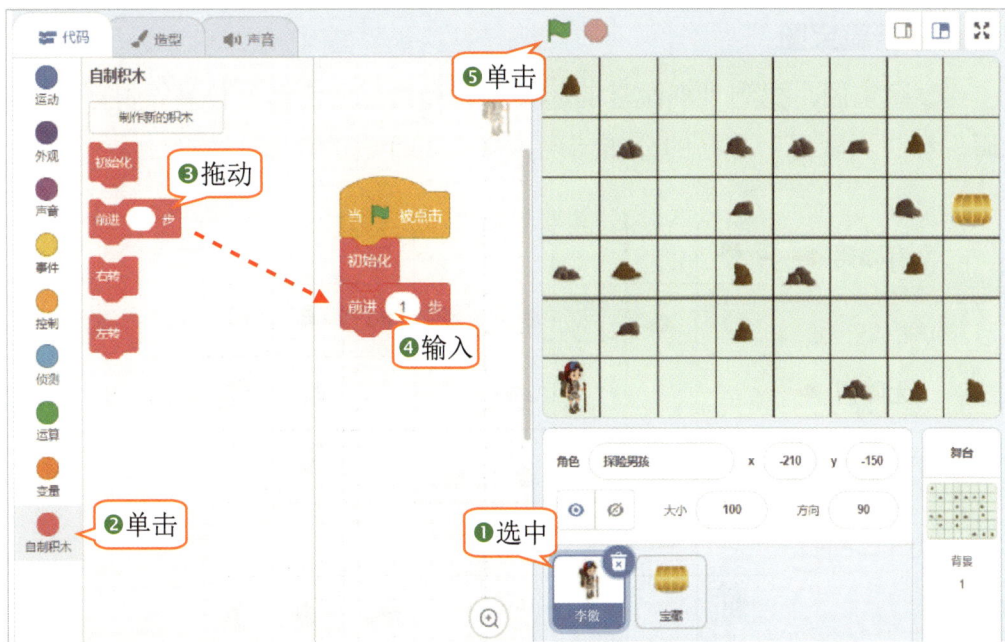

实验准备

1. 设计实验方案

第1步 分析藏宝图：通过观察、分析藏宝图，在图上画出可能的路线，选出最佳路线。

第2步 描述寻宝路线：用流程图描述寻宝路线。

第3步 验证寻宝路线：编写程序验证寻宝路线，观察并记录执行结果。

2. 实验器材

藏宝图　　　　纸笔　　　　计算机

实验过程

1. 分析藏宝图

观察藏宝图，找到"李徽"的起始位置和终点（宝藏）位置，并了解"有障碍"和"无障碍"方格的分布情况，思考可行进的路线。

有障碍 ●——

无障碍 ●——

——● 终点

我在这儿！

2. 描述寻宝路线

根据对藏宝图的分析情况，描述"李徽"从起点到终点（宝藏）的寻宝路线。

· **描述路线**　尝试使用"前进（　）步""左转""右转"等指令描述寻宝路线。

> 步骤的描述要明确！思考前后步骤能否调换顺序。

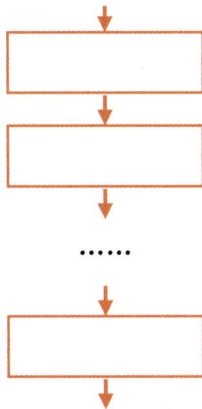

· **完善程序**　根据描述的路线，完善程序。注意核对通过程序描述的步骤是否与规划的路线一致。议一议，各步骤是否一定要保持一致？

3. 验证寻宝路线

执行程序，观察程序执行结果是否与规划的路线一致。看一看，如果选择不同的路线，"李徽"是否都能到达终点，找到宝藏。

实验结果

在本次实验中，同学们设计了简单的顺序结构算法，并通过分析执行过程与结果，进一步验证算法，请完善以下结论。

> **结论**
>
> 在"规划寻宝路线"的实验过程中，首先通过分析藏宝图，其次_____，再次_____，主要采用的控制结构是_____，最后通过编写程序验证规划的寻宝路线。

实验拓展

1. 打开素材文件，完成藏宝图其他寻宝路线的设计，并验证结果。
2. 用顺序结构描述算式 5+(50+15)÷(45−15) 的计算过程并验证结果。

计算 BMI 判胖瘦

——设计简单的分支结构算法

　　李徽同学了解到，BMI 表示身体质量指数，是用来衡量人体胖瘦的一个标准。他想通过计算自己的 BMI 值，快速判断自己的体重是否超标，该如何做呢？

$$BMI = \frac{体重（千克）}{身高^2（米^2）}$$

低体重　正常　超重　肥胖

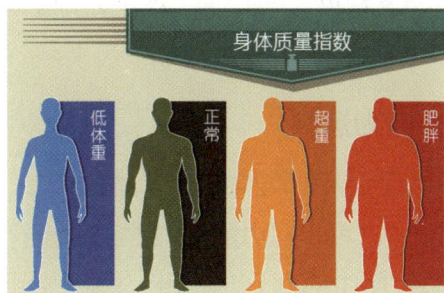

身体质量指数

低体重　正常　超重　肥胖

实验目标

　　1. 计算身体质量指数 BMI，判断身体胖瘦情况。

　　2. 结合生活中的实例及应用场景，能描述、设计简单的分支结构算法并分析执行过程与结果。

1. 分支结构

在解决问题的过程中，有时需要根据条件判断的结果来选择后续操作步骤，这样的算法结构称为分支结构。分支结构包括单分支结构、双分支结构和多分支结构，对应的流程图分别如下图所示。

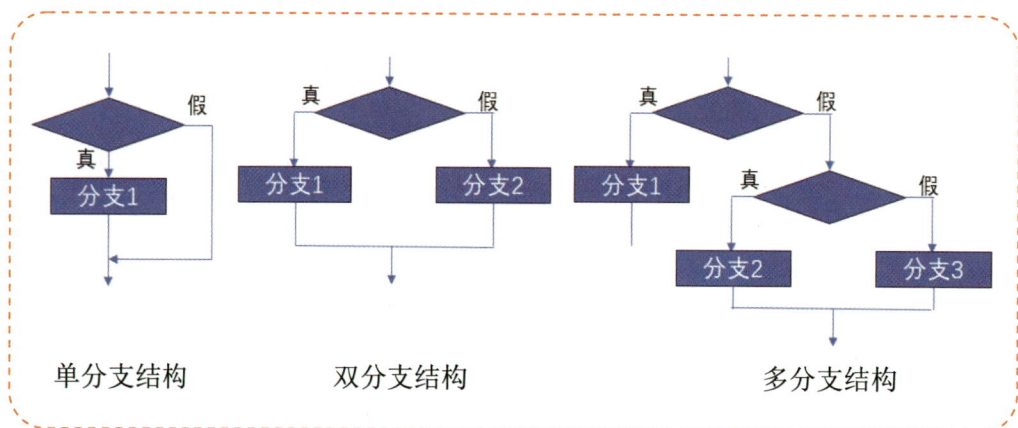

单分支结构　　　　双分支结构　　　　多分支结构

2. 四则运算

四则运算是最基本的算术运算，包括加、减、乘、除。用计算机解决算术问题时，可以使用基本数学运算符（+、−、*、/）来实现四则运算。图形化编程软件中的四则运算指令如下图所示。

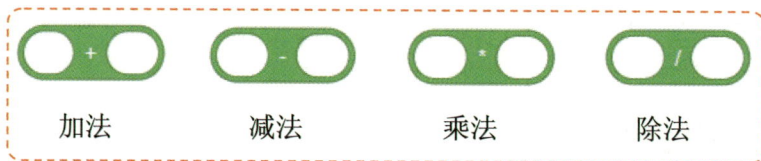

加法　　　　减法　　　　乘法　　　　除法

3. 比较运算

比较运算就是将两个数值作对比，看看是否存在大于、等于或者小于的关系。图形化编程软件中的比较运算指令如下图所示。

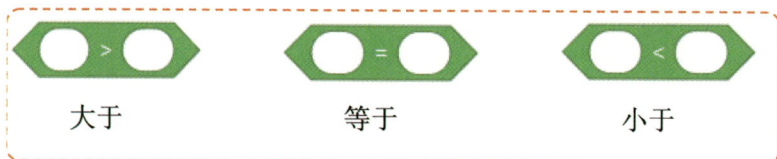

大于　　　　　　等于　　　　　　小于

实验准备

1. 了解 BMI

身体质量指数（BMI），又称为体重指数、体质指数。该指标是通过体重（千克）除以身高（米）的平方计算得来的。因为计算简单，现在被普遍用于评价人体的胖瘦程度或身体发育水平。

查一查自己性别与年龄对应的 BMI 筛查界值。

性别	年龄	低体重	正常	超重	肥胖

2. 设计实验方案

第 1 步　计算 BMI。确定 BMI 的计算方法，明确实验目的：根据计算结果来判断身体胖瘦情况。

第 2 步　判断 BMI。查询并了解针对儿童的 BMI 参考标准，确定判断方案。

第 3 步　输出判断结果。根据判断情况输出结果，尝试使用多组数据来验证算法是否正确。

3. 实验器材

身高体重秤　　　纸笔　　　计算机

实验过程

1. 计算 BMI

要计算 BMI，需要先测量被测者的身高（米）和体重（千克），然后根据身高和体重计算 BMI。

· **测量身高和体重**　根据计算 BMI 的需要，测量身高和体重，身高单位为米，体重单位为千克。

身高	体重
（　）米	（　）千克

· **确定计算公式**　BMI 的计算方法为体重/（身高的平方）。填一填，完善 BMI 计算公式。

$$BMI = \frac{体重（千克）}{身高^2（米^2）}$$

2. 判断 BMI

在判断 BMI 前，可以先绘制流程图，明确算法执行过程，再根据流程图编写程序，验证算法。

· **绘制流程图**　使用流程图可以清晰地呈现 BMI 中每个界值的判断过程，以及各个界值之间顺序和关系的判断过程。结合自己查询的界值标准，完善流程图。

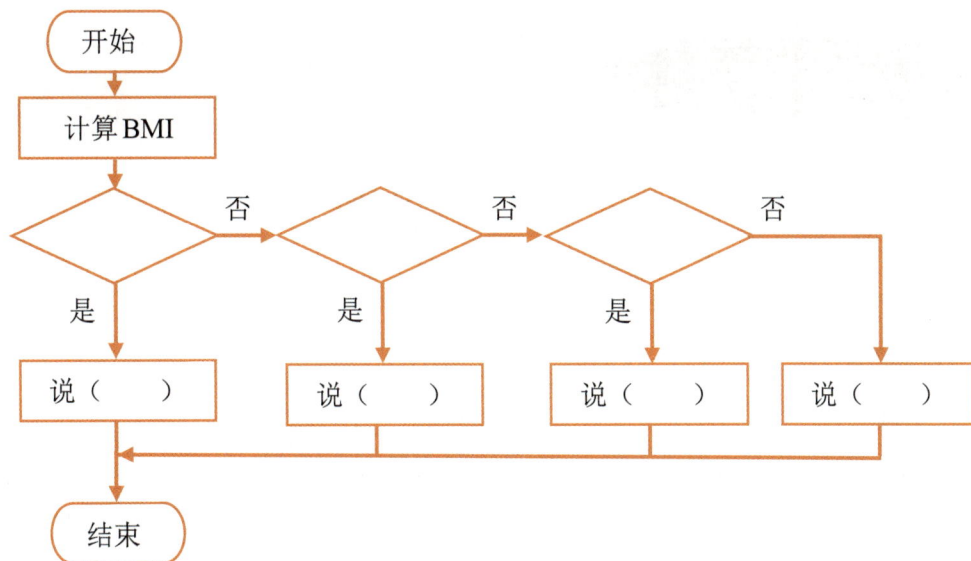

· **编写程序**　绘制流程图后，就可以根据流程图编写程序，验证程序的执行结果。对照流程图，完善程序。

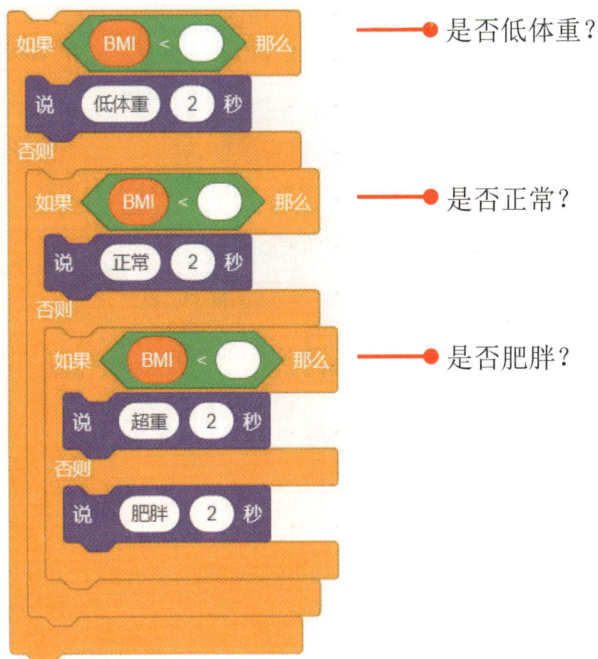

● 是否低体重？

● 是否正常？

● 是否肥胖？

3. 输出判断结果

根据判断结果，优化输出内容，针对不同的结果，给出对应的提示。

实验结果

在本次实验中，通过计算 BMI 判断胖瘦，请完善以下结论。

结论

在计算 BMI 判断胖瘦的实验过程中，首先查询 BMI 标准，其次_____，再次_____ _____，绘制流程图时主要采用的控制结构是_____ _____，最后通过编写程序验证算法，输出判断结果。

实验拓展

1. 观察下图所示代码，推算程序功能并验证。

2. 五年级组织跳绳比赛，若一分钟跳绳数量低于 35 个成绩为不合格，达到 35 个成绩为合格，达到 97 个成绩为良好，达到 116 个成绩为优秀。请画出各等级判定的流程图。

实验 6
寻找神奇的水仙花数
——设计简单的循环结构算法

数学王国里有种特殊的三位数：各位数字三次方的和等于这个数本身。是不是很神奇？这样的数被称为水仙花数，例如数字 153 就是一个水仙花数，因为 $153 = 1^3 + 5^3 + 3^3$。这么神奇的三位数有多少个呢？一起想办法寻找所有的水仙花数吧！

还有哪些数是水仙花数？

$$153 = 1^3 + 5^3 + 3^3$$

水仙花数

实验目标

1. 找出所有的水仙花数。

2. 结合生活中的实例及应用场景，能描述、设计简单的循环结构算法并分析执行过程与结果。

实验原理

1. 循环结构

需要反复执行某个功能时，可以采用循环结构。根据判断条件，循环结构又可以分为以下两种形式：一是先判断，后执行循环语句；二是先执行循环语句，后判断。

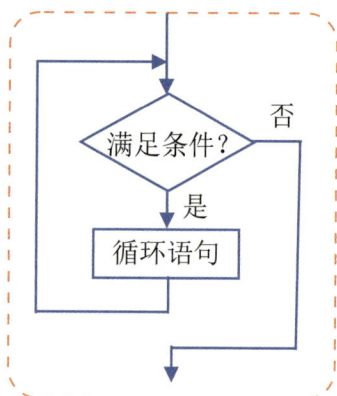

先判断，后执行循环语句

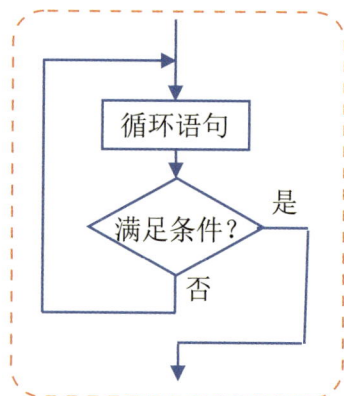

先执行循环语句，后判断

2. 分离整数的各个数位

若要将一个整数的各个数位分离，例如将 153 拆分成 1、5、3 三个数字，应如何计算呢？

百位 = 153 ÷ （　　）的商

十位 = （　　　　　　　　）

个位 = 153 ÷ （　　）的余数

实验准备

1. 算术表达式

算术表达式是由数字和运算符号组成的式子。使用图形化编程语言进行编程时常需要进行数值计算，也要用到算术表达式。想一想，推算出以下算术表达式的结果，并用图形化编程验证结果。

　结果为（　　）

　结果为（　　）

　结果为（　　）

　结果为（　　）

2. 设计实验方案

第 1 步　水仙花数的判断方法：先计算出要判断的整数各个数位上的数字，然后判断各个数位上数字的三次方和是否等于这个数。

第 2 步　确定查询水仙花数的算法：用流程图描述查询水仙花数的算法，通过流程图了解查询的执行过程。

第 3 步　查询并输出水仙花数：编写程序，验证算法，记录并输出所有的水仙花数。

实验过程

1. 水仙花数的判断方法

先计算要判断的整数各个数位上的数字，然后判断各个数位上数字的三次方和是否等于这个数。

·计算整数各个数位上的数字 依据整数各个数位上的数字的分离方法，计算一个三位数各个数位上的数字。新建4个变量，M 表示一个三位数整数，A 表示百位上的数字，B 表示十位上的数字，C 表示个位上的数字。

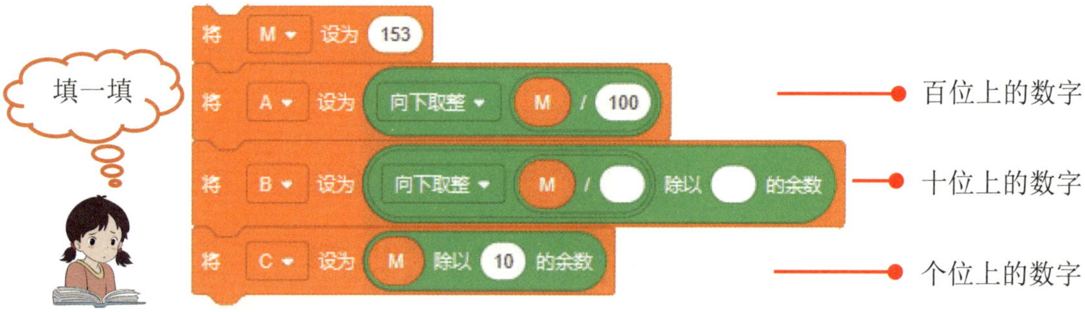

填一填

将 M ▼ 设为 153
将 A ▼ 设为 向下取整 ▼ M / 100 —— 百位上的数字
将 B ▼ 设为 向下取整 ▼ M / ◯ 除以 ◯ 的余数 —— 十位上的数字
将 C ▼ 设为 M 除以 10 的余数 —— 个位上的数字

·判定水仙花数的方法 得出各数位上的数字之后，可以判断各数位上数字的三次方和是否等于这个数。想一想，在下图中补充判断条件。

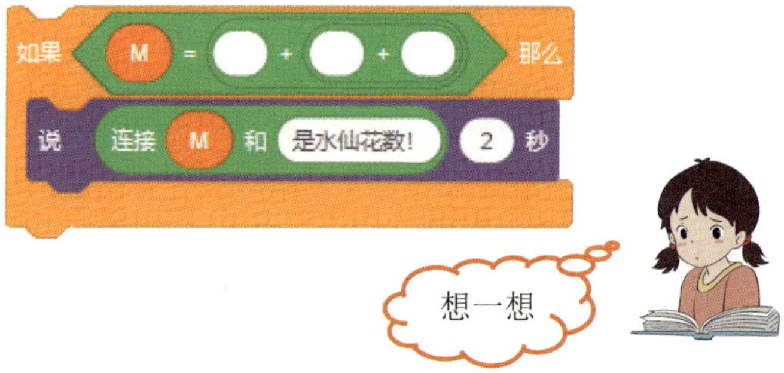

如果 M = ◯ + ◯ + ◯ 那么
说 连接 M 和 是水仙花数！ 2 秒

想一想

2. 确定查询水仙花数的算法

明确了判断水仙花数的方法，就可以设计算法，查询所有的水仙花数。

·确定数据范围 水仙花数是三位数，想一想，要查询的整数范围是什么呢？

说说理由

整数 M 初始值是（　　）

最大值是（　　）

·确定算法的控制结构 想一想，从初始值开始判断，判断各个数是不是水仙花数的方法是否一样？采用哪种算法控制结构呢？

·**设计算法**　要想找出所有的水仙花数，该如何做呢？想一想，完善下面的流程图。

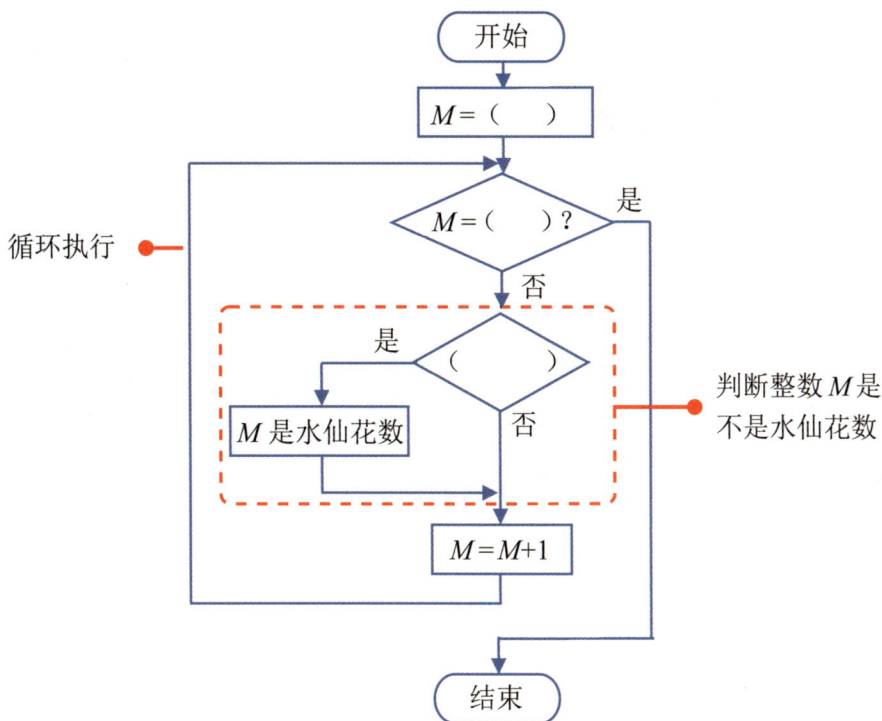

```
            ┌──────────┐
            │   开始    │
            └────┬─────┘
            ┌────┴─────┐
            │ M = (   ) │
            └────┬─────┘
                 │
      ┌──────────┤
      │      ┌────┴─────┐        是
循环执行  ●   ◇ M = (   )? ◇──────────┐
      │      └────┬─────┘              │
      │           │否                  │
      │   ┌─ ─ ─ ─┼─ ─ ─ ─ ─ ─ ─ ┐     │
      │   │    是 ┌────┴────┐      │    │  判断整数 M 是
      │   │  ┌───◇  (    )  ◇     │────●  不是水仙花数
      │   │  │    └────┬────┘      │    │
      │   │ ┌┴──────────┐ 否       │    │
      │   │ │M 是水仙花数│          │    │
      │   │ └┬──────────┘          │    │
      │   └─ ┼─ ─ ─ ─ ─ ─ ─ ─ ─ ─ ┘    │
      │    ┌─┴──────┐                   │
      │    │ M = M+1 │                  │
      │    └───┬────┘                   │
      └────────┘                        │
            ┌────┴─────┐◄───────────────┘
            │   结束    │
            └──────────┘
```

·**编写程序**　绘制流程图后，即可根据流程图编写程序，验证程序的执行结果。对照流程图，填一填，完善程序。

补充代码，找出所有的水仙花数。

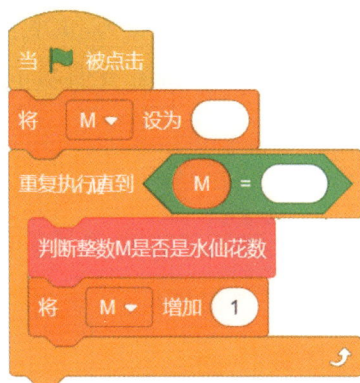

当 ▶ 被点击
将　M ▼　设为 （　）
重复执行直到 （ M = （　） ）
　判断整数M是否是水仙花数
　将　M ▼　增加　1

3. 查询并输出水仙花数

执行程序，观察并记录程序的执行结果。尝试优化输出内容，并对执行结果进行验证。

水仙花数有：_____

实验结果

在本次实验中，通过设计简单的循环结构算法，并通过分析执行过程与结果，进一步验证算法，请完善结论。

结论

在"寻找神奇的水仙花数"的实验过程中，先确定水仙花数的判断方法为_____，确定数据范围后，逐个判断并输出所有的水仙花数。主要采用的控制结构是_____。

实验拓展

1. 寻找所有的"玫瑰花数"（水仙花数是三位数，玫瑰花数是四位数，也是各数位上数字的三次方和等于这个数）。
2. 求1到100以内所有偶数的和。

第 3 单元

算法的效率

实验 **7**
探究算法执行的快慢
——认识算法效率

关于"对 1 至 100 的所有整数求和"的问题，可以使用多种算法解决，例如，可以通过循环结构累加求和，同样可以使用高斯方法达到求和的目的。然而，这些算法在执行速度上的差异究竟有多大？能否以此为例，探讨影响算法效率的相关因素？

实验目标

1. 用不同的数据和不同的算法程序来探究算法效率的差异。

2. 理解算法步骤的执行次数与问题的规模有关，体验采用不同算法解决同一问题时在时间效率上的差别。

实验原理

1. 算法的执行步数

算法的执行步数是评价算法效率的一个重要指标。执行步数少的算法往往效率更高，有助于在更短的时间内完成任务。例如，同一高度，台阶数越多，走的步数也就越多。

同一高度的楼层，哪种楼梯的台阶数更多？

2. 算法的执行时间

算法的执行时间取决于其在计算机上执行时所消耗的时间，可以通过基于该算法所编制的程序来衡量。同一算法执行时处理的数据越多，执行的时间也就越长；在同一算力的情况下，程序执行的时间越短，算法效率越高。

实验准备

1. 实验方案

为探究影响求和算法执行速度的关键因素，需明确各种求和算法的实现方式，再分析算法流程，计算各算法的执行步数，初步了解影响执行速度的直接因素。在此基础上，可在程序中添加计时代码，通过执行程序模拟验证程序的执行时间。

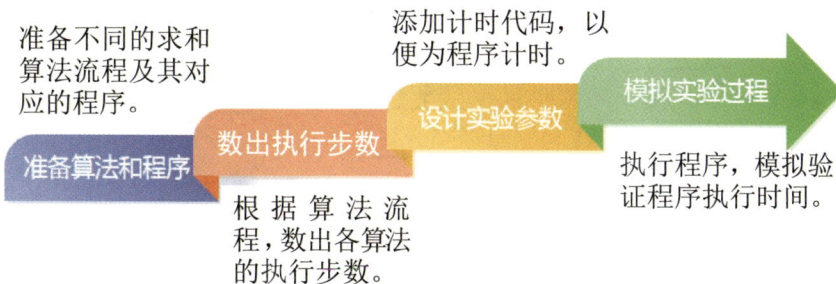

准备不同的求和算法流程及其对应的程序。

添加计时代码，以便为程序计时。

模拟实验过程

准备算法和程序

数出执行步数

设计实验参数

执行程序，模拟验证程序执行时间。

根据算法流程，数出各算法的执行步数。

2. 实验器材

在实验开始前，除确保硬件和软件环境的完备性外，还需搜集各种求和算法及其对应的程序，并准备相应的测试数据，以便进行实验。

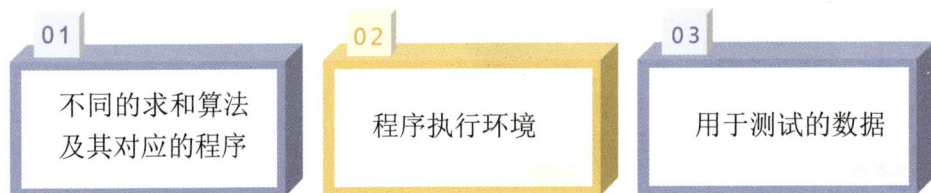

01	02	03
不同的求和算法及其对应的程序	程序执行环境	用于测试的数据

实验过程

1. 准备算法和程序

1 至 100 之间连续自然数的求和问题，有多种算法可以实现求解，下图是两个例子。请根据自己的理解，完善并分析下面的流程图。

累加求和流程　　　高斯求和流程

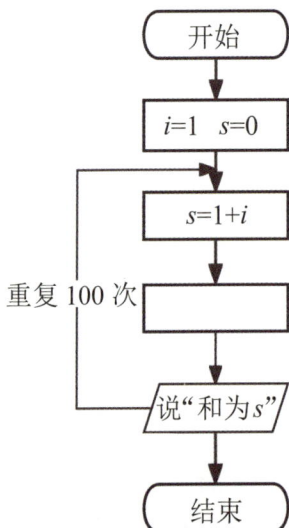

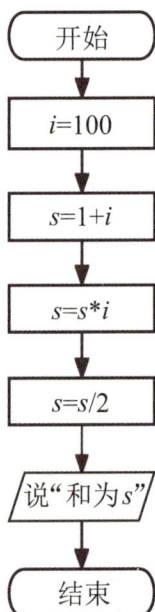

累加求和流程：
开始 → $i=1$　$s=0$ → （重复100次：$s=1+i$ → □）→ 说"和为s" → 结束

高斯求和流程：
开始 → $i=100$ → $s=1+i$ → $s=s*i$ → $s=s/2$ → 说"和为s" → 结束

你会编程验证这两种求和算法吗？

2. 数出执行步数

请分析和对比不同求和算法的流程图，算出不同算法的执行步数，将结果填写在下面。

问题：1+2+3+…+99+100=?
方法 1：累加求和
方法 2：高斯求和

算法执行步数
方法 1：_____
方法 2：_____

> 想一想：你有其他求和算法吗？如果有，请数出执行步数。
>
> 　根据数出的执行步数，猜想一下，哪种算法的效率更高？为什么？

3. 设计实验参数

要记录程序执行时间，可以在程序中添加计时代码，获取计算机执行程序的时间。不同的程序语言有不同的计时代码，在图形化编程语言中，用"计时器"变量和"计时器归零"代码可以实现计时。

```
设置变量 i 的值为 1
设置变量 s 的值为 0
重复执行 100 次
    使变量 s 增加 变量 i
    使变量 i 增加 1
对话 把 "1+2+3+…+99+100=" 变量 s 放在一起 持续 2 秒
对话 把 "程序执行时间：" "  " 放在一起 持续 2 秒

计时器归零
计时器
```

> 请将代码添加到程序中，并参照此方法编写"高斯求和"算法的程序代码。

4. 模拟实验过程

完成不同求和程序的设计后，需要使用不同数据对程序的执行时间进行验证。请分别执行不同的求和程序，修改变量 i 的值，进行测试，记录时间。

	i	100	1000	1000000	10000000	......
	s					
执行时间（毫秒）	累加求和					
	高斯求和					
	_____					

温馨提示：同一个程序，在不同的执行环境（如不同的计算机或同一计算机的不同工作状态）中，执行的时间可能不同。

实验结果

1. 实验数据分析

收集、整理实验验证过程的数据，分析不同程序在不同数据规模下的执行时间，并和其他同学的数据进行比较，完成数据分析。

分析一：同一程序，处理不同规模的数据，执行的时间有何差异？

分析二：数据规模相同时，使用不同的程序执行，其时间差异如何？

2. 实验总结

通过对实验数据进行分析，可以得出哪些实验结论？请写出实验结论。

结论

1. 数据规模与执行时间的关系

同一程序在同一环境中执行时，处理的数据越多，执行的时间会_____。

2. 算法效率的影响因素

要解决同一问题，可以使用不同的算法，这些不同算法的执行效率的影响因素有_____。

实验拓展

1. 设计算法，寻找并统计 1000 以内所有"13 的倍数"，并扩大范围，验证执行时间。

2. 尝试用不同的程序语言验证"对 1 至 100 之间所有自然数求和"的算法。

实验 8
猜数游戏我实现
——设计求解算法

学生在课后可参与诸多有趣的小游戏，如猜数游戏。在该游戏中，计算机首先在一定范围内生成一个神秘数，玩家随后说出自己的猜测数。计算机将对比猜测数与神秘数，若玩家未猜中，则反馈猜大了还是猜小了。如何设计算法，实现此类猜数游戏？

实验目标

1. 设计一款猜数游戏并编程实现。
2. 针对学习与生活中的简单问题，尝试设计求解算法。

实验原理

1. 随机数

随机数就像掷骰子时所呈现的点数，或抽奖时所抽取的号码，等等。在猜数、掷骰子和抓阄等各类游戏中，为确保公平性和不可预测性，随机数的运用至关重要。在计算机领域，使用程序设计语言的代码或相关函数，可以实现随机数的生成。

2. 折半查找

折半查找是一种在有序数据列表中查找特定元素的算法。该算法首先将数据列表均匀地划分为两个部分，接着确定目标元素位于哪个部分，随后在对应部分执行相同的操作，直至找到目标元素或确认目标元素不在列表中为止。由于折半查找每次都能将待查找范围缩小一半，因此具有较高的效率。

实验准备

1. 实验方案

通过试玩猜数游戏，分析猜数过程，设计算法并编写程序，再执行游戏，验证猜测次数。

2. 实验器材

01	02	03
猜数游戏	编程软件	笔、纸

实验过程

1. 分析游戏

试玩猜数游戏，根据试玩体验分析游戏规则，说一说，游戏的猜测范围、反馈方式、限制条件和奖励机制分别是什么？

猜测范围：＿＿＿＿＿＿＿＿＿＿＿＿＿＿＿＿＿＿

反馈方式：＿＿＿＿＿＿＿＿＿＿＿＿＿＿＿＿＿＿

限制条件：＿＿＿＿＿＿＿＿＿＿＿＿＿＿＿＿＿＿

奖励机制：＿＿＿＿＿＿＿＿＿＿＿＿＿＿＿＿＿＿

2. 设计算法

根据猜数游戏的规则，设计相应算法，并完成流程图的绘制。

· **设计变量**　想一想，除神秘数（需猜测的目标数）和猜测数（所猜的数）这 2 个基本变量外，还要设计哪些变量来辅助程序执行？如根据游戏规则中的猜测次数限制，可以设计变量：_____。

· **完成流程图**　完成必要的变量设置后，根据游戏规则中的限制条件和反馈机制，结合提示，完成下面的流程图。

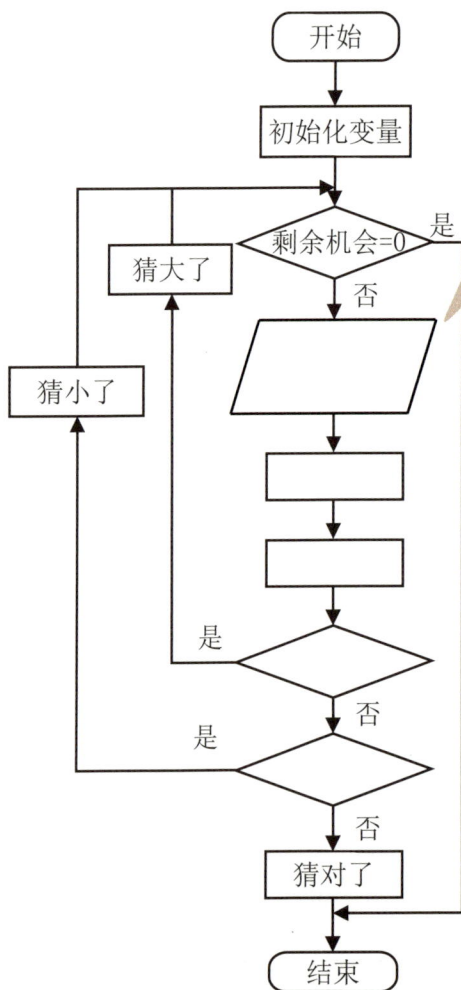

提示：询问猜测数，根据输入设置猜测数，并减少剩余机会。

3. 编写程序

设置"神秘数""猜测数""剩余机会"等必要的变量后，就可以根据流程图编写程序。

· **初始化变量**　在猜测前，要产生"神秘数"和"猜测数"，并将"剩余机会"限制成最大值。请根据下面提供的参考指令块，编写程序。

设置变量 剩余机会 ▼ 的值为 ◯

设置变量 神秘数 ▼ 的值为 ◯

设置变量 猜测数 ▼ 的值为 ◯

在 ◯ 到 ◯100 间随机选一个整数

询问 "请输入0~100之间的整数：" 并等待回答

回答

请根据猜测范围和猜测次数限制，修改参数，完成程序。

· **设置循环结构**　除要判断"剩余机会"外，程序根据猜测数至少要做 2 次判断才能完成 1 次猜测，根据流程设置程序的循环结构。

重复执行直到 变量 剩余机会 ▼ = ▼ ◯

如果 ◇

否则如果 ◇ ⊖

否则 ⊖

⊕

对话 ▼ "机会已用完，游戏结束！" 持续 ◯2 秒

→ 是否猜大了

→ 是否猜小了

想一想：如果"神秘数"在 100 以内，那么"剩余机会"设置为多大比较适合？为什么？

· **完成程序设计**　根据反馈机制，完善程序，最终完成程序编写，执行程序。

猜大反馈

猜小反馈

想一想：为什么猜对后要停止所有角色？

4. 验证猜测次数

多次执行程序，记录每次的猜测数和猜中结果时所用的次数，完成下表，分析自己猜中的奥秘。

实验次数	猜测数	是否成功	所用次数
示例	12、34、76、…	否	10
1			
2			
3			
…			

实验结果

1. 实验数据分析

请收集其他同学的猜测次数记录表，分析猜测次数记录表，找找成功猜对的最少猜测次数，说说你的想法。

分析一

　　李徽：当反馈小了，就猜大；反馈大了，就猜小。用这种方法，我成功了好几次。

分析二

　　李皖：第一次猜 50，若大了，第二次猜 25，若小了，第三次猜 38，第四次……以此类推，我最多 7 次就能猜中！

2. 实验总结

根据猜测过程中的反馈信息和猜中时所用次数，得出结论：＿＿＿＿＿＿＿＿

＿＿＿＿＿＿＿＿＿＿＿＿＿＿＿＿＿＿。

实验拓展

1. 设计"剪刀石头布"游戏，与猜数游戏比较，体验两者的区别。
2. 如果猜测者采用随机的方式猜，效率如何？修改程序并执行验证。

实验 9

韩信点兵有妙招

——用程序验证算法

从古代流传下来的诸多经典故事体现了我国古人的智慧。其中，"韩信点兵"这一故事蕴含了关键的数学知识和算法原理。故事描述如下：韩信率领 1500 名士兵作战，战死人数达四五百人。他命令士兵按照 3 人一排站立时，多出 2 人；按照 5 人一排站立时，多出 3 人；按照 7 人一排站立时，多出 2 人。韩信据此迅速推断出剩余士兵人数为 1073 人。韩信是如何做到的呢？先分析韩信的推断，然后尝试编写程序，验证韩信的推断是否正确。

实验目标

1. 编写程序，验证"韩信点兵"的推断。
2. 针对学习与生活中的真实案例，尝试设计求解算法，并通过程序进行验证。

实验原理

1. 枚举算法

枚举算法是程序设计中应用最为广泛的一种算法，其核心原理是遍历所有可能的结果，从而找到满足特定条件的最优解。例如要找出数据列表中所有的 3 的倍数，可以按下图的方式进行。

[3, 7, 9, 11, 12, 31, 56, 57]

> 从第一个数开始依次判断，直至完成对所有数的判断。

2. 验证算法

要想确认使用某种算法能否有效解决问题，需通过一定的方法加以验证。编写程序进行验证是衡量算法有效性的重要途径。通常会在明确问题求解目标后，设计相应算法，并编写程序验证算法。

实验准备

1. 实验规划

第一步，分析约束条件：分析"韩信点兵"故事中的信息，用数学语言表达约束条件；

第二步，设计算法：运用枚举思想，结合约束条件，列举所有可能的情况，完成算法设计；

第三步，编写程序：结合算法，用熟悉的程序语言完成程序的编写；

第四步，验证结果：运用程序，验证"韩信点兵"的最终结果；

第五步，提升求解效率：分析所有可能的解，优化列举范围，提升求解效率。

2. 实验器材

01 计算机	02 编程软件	03 笔、纸

实验过程

1. 分析约束条件

依据故事情节，整理问题所涉及的全部要素，进而明确各项条件之间的数量与逻辑关联。假设士兵数量用 x 表示，请完成下表，将故事内容转化为数学问题。

故事内容	用数学语言描述
1500 名士兵作战，战死人数达四五百人	
3 人一排站立时，多出 2 人	
5 人一排站立时，多出 3 人	
7 人一排站立时，多出 2 人	

2. 设计算法

将约束条件转换为数学表达式，并建立 3 个条件同时满足的逻辑表达式。当枚举的士兵数量符合条件时，将结果存放到备选答案中。

· **设计变量** "士兵数量"是最终要求解的量，列举时需要用变量表示。想一想，在列举所有符合条件的"士兵数量"后，如何存储这些可能的"士兵数量"？

> 小技巧：在需要同时存储多个不同值的情况下，可以采用列表的形式。列表的定义方式与普通变量相同，一旦定义，即可用于存储相同类型的值。例如，若要记录多个士兵数量值，可以定义一个名为"可能的解"的列表。

· **设计逻辑判断流程** 列举所有"可能的解"时，需要连续进行 3 次逻辑判断，请根据约束条件，完善下面的流程图。

想一想：

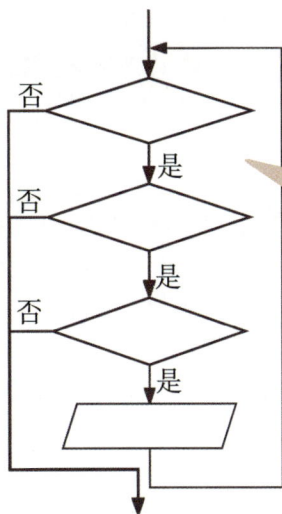

能将 3 个表达式组合成一个表达式吗？组合后算法的执行效率会变化吗？

・**设计流程图**　设置好必要的变量、列表和逻辑表达式后，请根据约束条件，完成下面的流程图。

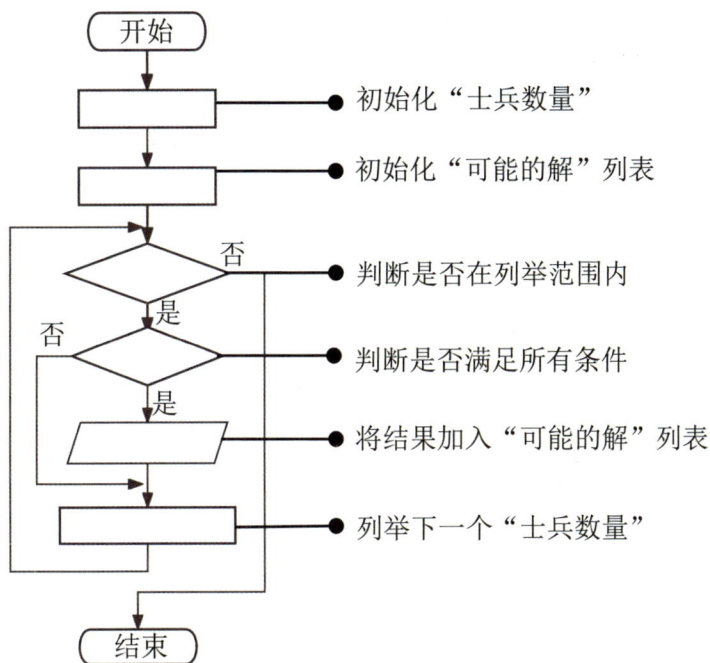

- 初始化"士兵数量"
- 初始化"可能的解"列表
- 判断是否在列举范围内
- 判断是否满足所有条件
- 将结果加入"可能的解"列表
- 列举下一个"士兵数量"

3. 编写程序

根据算法流程，设置必要的变量和列表，列举所有可能的"士兵数量"，完成程序编写，最后调试程序，完成程序验证。

·**初始化变量** "士兵数量"的范围可以设定为最小值，再从小到大逐一列举，同时要将"可能的解"列表清空。请将下面的程序代码补充完整。

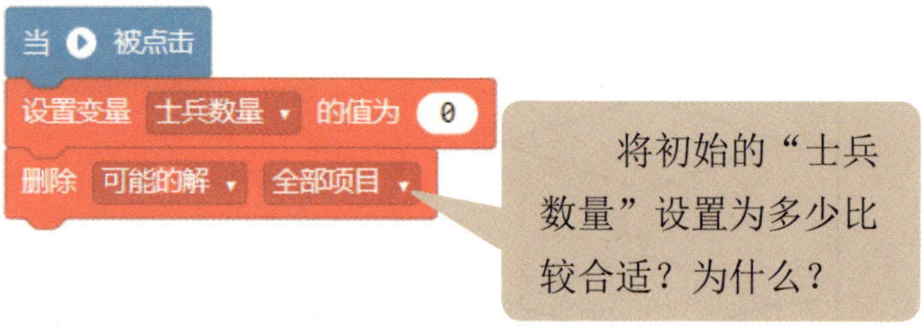

将初始的"士兵数量"设置为多少比较合适？为什么？

·**设置循环结构** 依次列举范围内的所有值，判断每个数是否符合条件，请根据流程图完成下图中的循环结构。

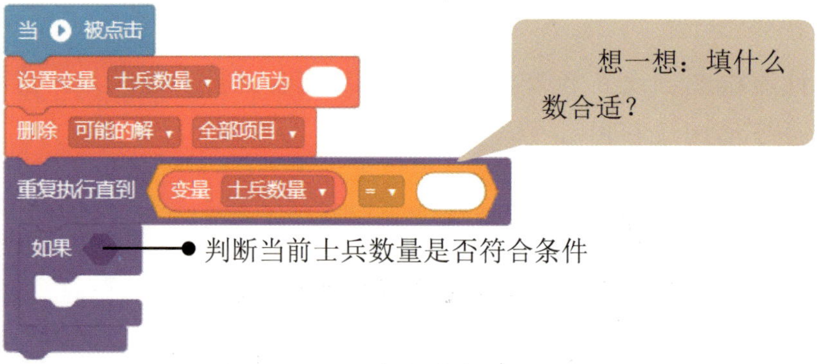

想一想：填什么数合适？

判断当前士兵数量是否符合条件

·**完成程序设计** 根据反馈情况，完善程序代码，最终完成程序编写，执行程序。

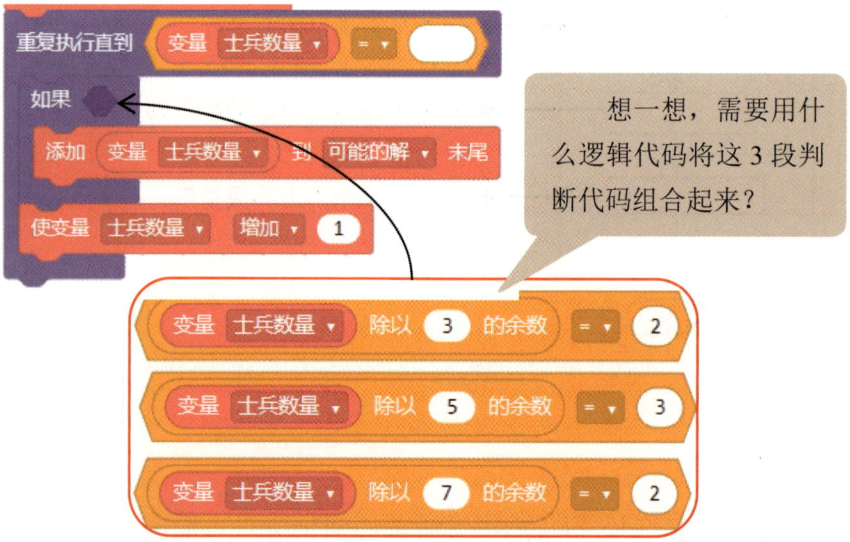

想一想，需要用什么逻辑代码将这3段判断代码组合起来？

4. 验证结果

执行程序，查看"可能的解"列表结果，请将结果写在下表中，并分析这些可能的解，得出最终答案。

	可能的解	
	最终解	
	理 由	

5. 优化程序

执行程序，得出共有 15 个可能的解，最小的是 23，最大的是 1493，执行时间较长，请尝试将士兵的初始数量设为一个较大的数，如_____，再执行程序，观察执行时间并分析结果。

实验结果

1. 确定枚举范围

用枚举法求解时，先要确定好枚举的范围，枚举时可以从最小值到最大值顺序枚举，也可以从最大值到最小值逆序枚举。例如求解"韩信点兵"问题时，你选择的枚举范围是_____，选择从_____（小/大）到_____（小/大）的方式枚举。

2. 实验总结

当枚举的范围很大时，算法的效率就不高，可以通过_____提高枚举效率。改变枚举步长也可以提高枚举效率，例如"找 100 以内所有 3 的倍数"，就可以从_____开始，下一个数可以"加 3"，依次类推。

使用枚举法求解的一般步骤可以总结如下，请补充完整。

■ 确定枚举范围	■ 选择枚举方式	■ 确定枚举步长

实验拓展

1. 分别尝试从最小可能的数和从最大可能的数开始枚举，观察执行时间，比较两者执行时间的差异。

2. 学习"中国剩余定理"中的《孙子歌诀》，认识其算法原理，尝试编程实现，并将其与枚举法比较，体验两者效率的差异。

《孙子歌诀》："三人同行七十稀，五树梅花廿一支，七子团圆正半月，除百零五使得知。"意思是：将除以 3 得到的余数乘以 70，将除以 5 得到的余数乘以 21，将除以 7 得到的余数乘以 15，全部加起来后除以 105（或者 105 的倍数），得到的余数就是答案。

小型系统模拟

实验 10

取到最后一颗糖

——游戏博弈算法的策略分析

　　在家庭聚会上，李皖和哥哥玩有趣的"取糖"游戏。规则很简单，在桌上放一把糖，每人每次可以取 1 或 2 颗糖，取到最后一颗糖的人获胜。玩了几次后，李皖发现，无论放几颗糖，哥哥总是胜出。哥哥说，在玩游戏时运用一些算法策略，就能改变胜负。这是真的吗？我们来验证这个算法。

> 怎样才能取到最后一颗糖呢？

实验目标

1. 能在不同情况下，制订一定能取到最后一颗糖的策略。
2. 了解游戏博弈算法，并验证其正确性。

实验准备

1. 制订每轮取糖总数策略

游戏中，双方各取一次糖称为一轮，请想一想，根据以下游戏规则，将"每轮取糖总数"设置为多少时，无论对方取几颗糖，自己都能不受干扰？

游戏规则：假设有30颗糖，每人每次取 1~2 颗。

每轮取糖总数	1	2		3	
对方取糖数	1	1	2	1	2
自己取糖数	无法取糖	1	无法取糖	2	1

从规则中可以发现，每轮中两个人取糖的数量是可变的，因此游戏结果不可预测。如果能根据对手的取糖数调整自己的取糖数，从而控制每轮取糖总数相同，就可以将问题中的变化因素转变为不变因素。

2. 根据糖的总数制订取糖策略

游戏时，由谁先取糖，也会影响游戏的胜负，根据糖的总数就可以制订取糖策略。

• **想一想**　假设每轮取糖总数为3，如果一共只有3颗糖，你怎样取糖？6颗糖或9颗糖呢？

> 对方取1颗，我就取2颗；对方取2颗，我就取1颗，保证每轮取糖总数为3。

3颗糖：🍬🍬🍬

6颗糖：🍬🍬🍬 | 🍬🍬🍬

9颗糖：🍬🍬🍬 | 🍬🍬🍬 | 🍬🍬🍬

如果糖的总数是每轮取糖总数的倍数，_____先取糖。

• **想一想** 如果每轮取糖总数还是3，一共有4颗糖，你怎样取糖？5颗糖或7颗糖呢？

第一轮我按照余数取糖，把剩余的糖果总数转变为可以整除的情况。

4颗糖：🍬 | 🍬 🍬 🍬

5颗糖：🍬🍬 | 🍬 🍬 🍬

7颗糖：🍬 | 🍬 🍬 | 🍬 🍬 🍬

❓ 如果糖的总数不是每轮取糖总数的倍数，_____先取糖。

实验过程

1. 改变糖的总数，验证算法

糖的总数是取糖游戏中的关键参数，通过改变它可以验证取糖算法策略的正确性。

• **设置游戏参数** 打开程序"5年级实验60（实验1）"，设置游戏参数。

糖果总数 ____
规则 每次取1~2颗糖

请在1到100之间设置糖的总数。

①输入糖的总数

糖果总数 30
规则 每次取1~2颗糖

请选择谁先取糖？自己先取请输入1，对方先取请输入2。

②选择谁先取糖

糖果总数 30
规则 每次取1~2颗糖

这次我取2颗糖。

③单击取糖

取1颗 取2颗

• **验证算法** 按下表中的数值设置"糖的总数"，记录在糖的总数不同的情况下，算法是否依旧可行。

糖的总数	10	20	30	（自行设置）
每轮取糖总数			3	
谁先取糖	□对方 □自己	□对方 □自己	□对方 □自己	□对方 □自己
是否取胜	□是 □否	□是 □否	□是 □否	□是 □否

2. 改变取糖规则，验证算法

取糖规则也是取糖游戏中的关键因素，通过改变它同样可以验证取糖算法策略的正确性。

• **设置游戏参数** 打开程序"5年级实验60（实验2）"，设置游戏参数。

• **验证算法** 按下表中的数值设置"游戏规则"，在总数相同的情况下，改变每人每次的取糖规则，看算法是否仍可行。

糖的总数	20			
每轮取糖总数	3	4	5	
谁先取糖	□对方 □自己	□对方 □自己	□对方 □自己	□对方 □自己
是否取胜	□是 □否	□是 □否	□是 □否	□是 □否

实验结果

请根据流程图，描述在取糖游戏中使用哪些策略可以获胜？

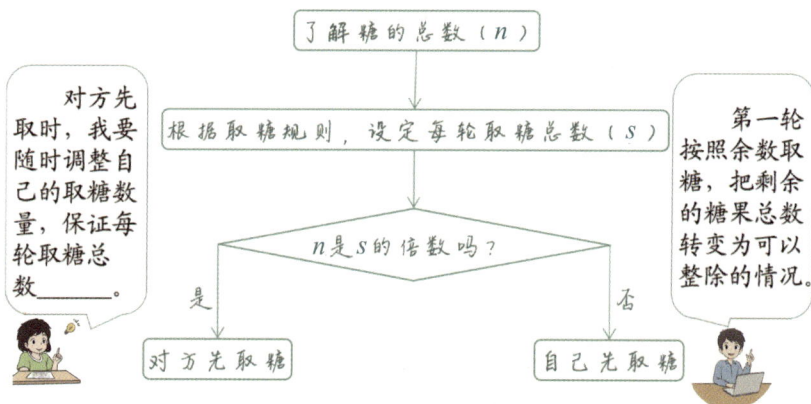

对方先取时，我要随时调整自己的取糖数量，保证每轮取糖总数＿＿＿。

了解糖的总数（n）

根据取糖规则，设定每轮取糖总数（s）

n是s的倍数吗？

是　对方先取糖

否　自己先取糖

第一轮按照余数取糖，把剩余的糖果总数转变为可以整除的情况。

实验拓展

1. 设计取"糖"游戏

请你试着用小纸团、牙签、棋子等物品设计一个取"糖"游戏，制订清晰的游戏规则，向家人描述游戏规则，并一起玩这个游戏，再告诉他们获胜的秘诀。

2. "田忌赛马"中的博弈策略

你知道"田忌赛马"这个故事吗？请说一说，故事中的田忌使用了怎样的博弈策略来获得胜利？

实验 11
逐层分解移圆盘
——探索汉诺塔原理

　　李皖收到了一个有趣的汉诺塔玩具，需要依据规则把一根柱子上的圆盘全部移动到另一根柱子上。尝试了几次后，她很快发现这并不像想象中那么容易。这个游戏需要耐心和策略，让我们一起探索移动圆盘的策略，助她攻克难关吧！

好像有点儿难呢！

实验目标

1. 能按规则在汉诺塔游戏中取得胜利，并能计算游戏步数。
2. 能在游戏中理解递归思想。

实验原理

1. 立柱的功能

汉诺塔游戏中有三根竖立的柱子，圆盘开始时都按大小顺序堆叠在 A 柱上，游戏的目标是将 A 柱上的所有圆盘移动到 C 柱，移动时可以使用 B 柱作为辅助。如下图所示，游戏的过程中，圆盘的层数与位置会发生变化，所以这三根柱子的功能也会不停变换。

2. 递归思想

当遇到一些比较复杂的问题时，可以借助递归思想，也就是把一个大问题分解成若干个小问题，然后使用同样的方法再次分解这些小问题，直到问题简单到可以直接解决为止。

实验准备

1. 游戏规则

阅读汉诺塔游戏规则，说一说，图中②号蓝色圆盘现在可以移动吗？可以移去哪里？

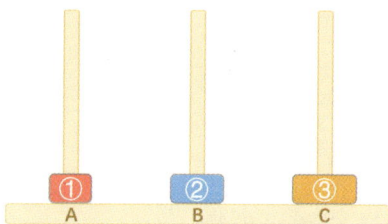

> 🔍 **游戏规则**
>
> （1）每次只能移动一个圆盘；
> （2）只有顶部的圆盘才能被移动；
> （3）不能将较大的圆盘放在较小的圆盘之上。
> **目标：** 将所有圆盘移动到另一根柱子上。

2. 游戏程序的玩法

观察下列示意图，了解在汉诺塔游戏程序中设置层数、移动圆盘等的操作方法。

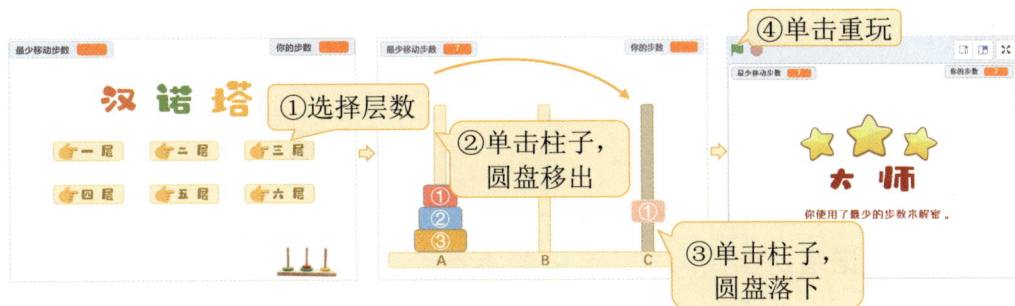

实验过程

1. 记录游戏数据

请打开"5 年级实验 61"程序，按照下图中的方法，分别尝试玩一层、二层和三层汉诺塔游戏，并记录相关数据。

· **一层汉诺塔** 尝试玩一层汉诺塔游戏，思考一层汉诺塔是不是最简单的汉诺塔游戏？是否可以直接移动？

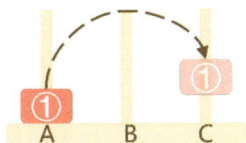

辅助柱　　　　目标柱	①号圆盘 第一次移去	记录步骤	统计步数
	目标柱	①	1 步

· **二层汉诺塔** 尝试玩二层汉诺塔游戏，记录相关数据，并描述圆盘的移动步骤。

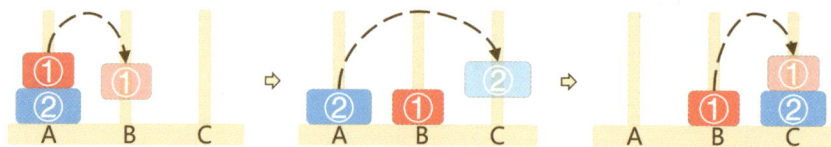

辅助柱 目标柱	①号圆盘 第一次移去	记录步骤	统计步数
	（　）柱	①②①	（　）步

· **三层汉诺塔**　尝试玩三层汉诺塔游戏，记录相关数据，思考三层汉诺塔和二层汉诺塔的关系。

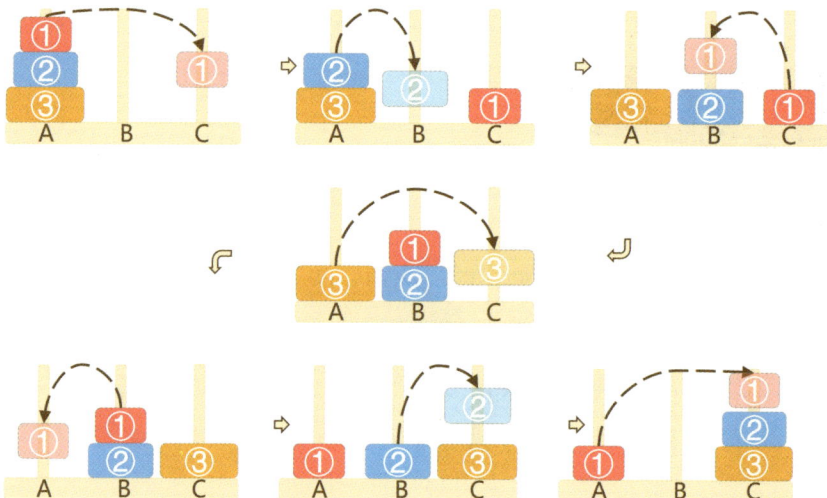

辅助柱 目标柱	①号圆盘 第一次移去	记录步骤	统计步数
	（　）柱		（　）步

2. 分析游戏过程

根据三次游戏过程中记录的相关数据，通过比较和推测，分析玩汉诺塔游戏的策略。

· **分析①号圆盘移动规律**　请根据三次实验汇总表中记录的内容，观察汉诺塔①号圆盘的移动位置，并总结其移动规律。

当前需要移动的层数		一层	二层	三层
①号圆盘第一次移去	辅助柱		√	
	目标柱	√		√

我猜想：

如果当前需要移动的层数是单数，①号圆盘移去（　）柱；

如果当前需要移动的层数是双数，①号圆盘移去（　）柱。

· 分析步骤和步数　请根据三次实验的汇总结果，计算二层和三层汉诺塔的最少移动步数，并说一说解密汉诺塔游戏的思路。

汉诺塔层数	一层	二层			三层		
分析步骤	①⇩①一层	①⇩①一层	②⇩②移动②号圆盘	①⇩①一层	①②①⇩②①二层	③⇩③移动③号圆盘	①②①⇩②①二层
计算步数	1	（　）+1+（　）=3			（　）+1+（　）=7		

我发现：

二层汉诺塔的移动步骤中包含两个（　）层汉诺塔和移动②号圆盘；

三层汉诺塔的移动步骤中包含两个（　）层汉诺塔和移动③号圆盘。

3. 验证游戏策略

请根据分析结果，规划四层汉诺塔的移动方案，先将策略填写在下表中，然后到游戏程序中玩四层汉诺塔游戏，验证游戏策略是否正确。

	规划策略		验证结果
①号圆盘第一次移去	（　）柱		□成功 □失败
移动步骤	（用①②③④表示圆盘）		
步数			

辅助柱　目标柱
① ② ③ ④
A　B　C

实验结果

在下图的方框中将三层汉诺塔的移动过程补充完整并描述。说一说，在玩汉诺塔游戏的过程中你有什么体会？

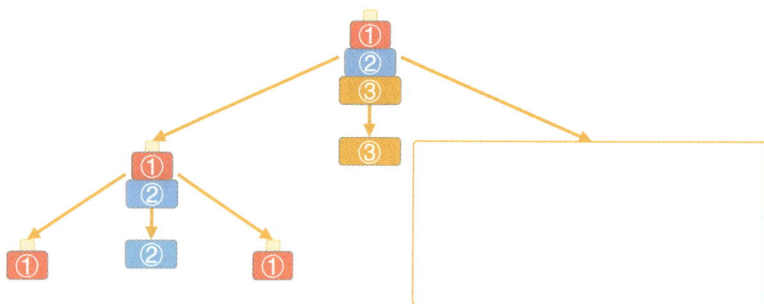

我的体会

假设有 n 层汉诺塔，可以把 $n-1$ 层看作一个整体去解决，然后一层一层地分解，直到只剩（　）层为止。

实验拓展

1. 汉诺塔起源于一个有趣的故事，请上网搜索并了解这个故事。尝试用逐层分解的办法玩五层和六层汉诺塔游戏，看看你是否可以成功解密。

2. 请尝试用大小不同的纸杯或一次性筷子等环保材料，制作一个汉诺塔小玩具。

3. 中国古老的九连环也是一种有趣的玩具，需要将九个连着的圆环从手柄上拆解下来，其解法和汉诺塔相似，请了解并尝试解密它。

初始状态	拆解状态
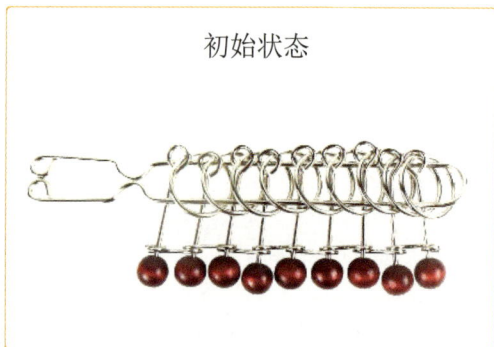	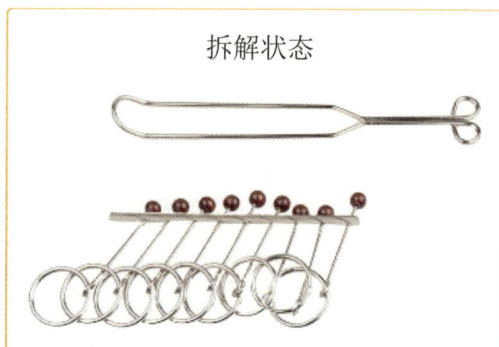